Bibliografische Information der Deutschen Nationalbibliothek
Die Deutsche Nationalbibliothek verzeichnet diese Publikation in der Deutschen Nationalbibliografie, detailierte bibliografische Daten sind im Internet über http.//dnb.dnb.de abrufbar

Herstellung und Verlag: BoD – Books on Demand, Norderstedt

ISBN 9783754323823

Rolf Gänsrich

Handmade

eigene handgeschriebene Texte
Aquarelle und Federzeichnungen

Inhalt	Seite	Inhalt

Vorwort

Auf einer meiner Stadtführungstouren, die über die Friedhöfe am Prenzlauer Berg, zeige ich den Teilnehmern regelmäßig die recht eindrucksvolle Grabstätte der Familie Stargardt. Die Anlage besteht aus schwarzem Marmor, wunderschön weiß gemasert, mit Goldschrift. Ich weiß zu berichten, daß die mit einer "Autographenhandlung" ihr Geld verdienten.

Ich fand die Idee, Handschriften beziehungsweise Handschriftdrucke zu vertreiben, faszinierend! So kam ich auf die Idee, einmal handgeschriebene Texte von mir zu veröffentlichen.

Da mit Beginn der dritten Corona-Welle offenbar nicht nur ich selbst, sondern viele andere mir persönlich bekannte Künstler so ihre schöpferischen Schwierigkeiten, im Gegensatz zur ersten Welle, hatten, lenkte ich mein Tun eher in die Vorbereitung dieses Buches hier. Mir fehlte schlicht der Elan, weiter an meinen Romanen zu schreiben.

Die hier vorliegenden Gedichte sind noch roh, teils unfertig, existieren aber alle in jeweils fertigen, abgetippten Versionen. Die zehnte Radiostaffel "Stammtisch" werde ich nach erscheinen dieses

Buches hier abtippen, aufnehmen und senden. Die Federzeichnungen sind irgendwann zu hause am Schreibtisch entstanden. Die Aquarelle wurden von mir in einer Jobcentermaßnahme im Jahr 2011 innerhalb von ingesamt acht Tagen gemalt. Außerdem sind hier bisher von mir noch immer nicht abspeicherte, auf Schreibmaschine geschriebene Auszüge aus Radiomanuskripten zu finden, zeitiger als all meine Abspeicherungen entstanden und die oft auf einer Schreibmaschine vom Typ "Erika" getippt wurden.

Man sehe es mir nach, aber vor zwanzig Jahren war ich im Radio selten politisch korrekt und habe gegen alles, was politisch rechts der FDP steht aus vollen Satirerohren geschossen. Es sind auch noch viel, viel ältere Texte darunter und Zeichnungen aus meiner Schulzeit.

Bis auf das Inhaltsverzeichnis, dieses Vorwort hier und die Erläuterngen zu den Bildern und den abfotografierten Texten, ist alles andere in diesem Buch "Rolf Gänsrichs Handmade"

Na hoffentlich kommen sie mit meiner krakeligen Handschrift klar!

Viel Spaß und Erfolg beim Errätseln meiner Texte wünscht Ihnen:

Rolf Gänsrich am 12.7.2021

Rübenkopf ... ich erriet den Sinn dieser Jobcenter-
maßnahme nie und war ständig geladen ...

Aus meinem Physik-Hefter von 1975

10

Hintergrund zum Bild Seite 10:
Es ist aus dem schon genannten Physik-Hefter, innen, der Einband. Unser Mathe-Physik-Pauker an der Nicolai-Bersarin-P.O.S. in Hohenschönhausen, der an sich herzensgute Herr Scheller, war mal wieder mit der Disziplin unserer 8 a nicht einverstanden und spielte deshalb mit uns "Aufstehen! Setzen! Aufstehen! Setzen!" Irgendwann reichte es ihm und er schnauzte: "Wenn ich sage stehen, dann steht alles an ihnen!" In dem Moment, als er das raus hatte, grinste er plötzlich schelmisch, ob seines verbalen Fauxpas und stimmte dann in das allgemeine Gelächter der Klasse ein. Unsere Disziplin stimmte nun aber!

214 - 21.7.02 - 14.00

Dank Katherina Reiche, der neuen CDU-Vorzeigefrau zur Wahl, sinkt das Durchschnitts-alter von Stoibers Inkontinenzteam von 70 auf 68 Jahre!

In Berlin wird alles teurer, ... nur meine Witze werden immer billiger!

Meine Sonne (20.7.02)

Oh Sonnenschein, oh Sonnenschein
du bist in meinem Herz allein!
Wenn es da draußen gießt wie wild,
'ne Elster einen Spatzen killt,
dann bin ich Sonnenschein bei dir,
vom Abend spät, bis früh um vier!
Denn du bist meine Sonn' allein,
nun laß uns beide Happy sein!

Und nicht nur für den OKB gilt: Wenn sich selbst immer mehr Leute weit weniger wichtig nähmen, wäre das Leben anderer schöner!

Wenn man das Wetter so sieht, ... also offensichtlich ist nicht nur *Ron Sommer* gegangen!

Wie man letztens gesehen hat, ist Berlin 'n stürmisches Pflaster!

Headline: Grill-Fest in Altenheim. Heim brannte aus!

Hasenjagt letzte Woche im Tiergarten! Die Love Parade!

Warum ich nur noch Hai-Fisch-Flossen-Suppe esse? Hai hat garantiert kein BSE!

Bei diesem Sau-Wetter haben in Deutschland einfach zuviele Leute nah am Wasser gebaut!

Meine Freundin Daniela trinkt keinen Alkohol! ... Nur hin und wieder mal 'n paar Flaschen Champagnier!

Kneipenspruch der Woche: Moppel-Kotze, noch ganz frisch, spuckt man besser unter'n Tisch!

Heu...! Manch Haase landet im Heu und hat neun Monate später nicht nur 'n Schnupfen!

Gerhard Schröder ist für der Fortsetzung einer Koalition ... mit anderen Mitteln!

Lieber Stroh-Rrrum, als Stroh-Dumm!

Lieber den Spatz in der Hand, als den Kolibri in der Pfanne, ... na, da brat mir doch einer 'n Storch!

Oben sieht man, 214. OKbeat – fremder PC
Wenn ein Text in der Sendung gelaufen war, strich
ich ihn mit Kugelschreiber durch.

"Fuß!" - Federzeichnung aus 2018

... ich weiß, meine zeichnerischen Fähigkeiten sind mehr als arg begrenzt ...

Komm, mein Liebden
zomm vorbei und lass unschres
Unschling

die Liebes, schöer, werd ich der
Gant gene sole vermolden
sinn mih!

21.1.2007

+
22.10.2019

Ich werd' dich helden bei der Hände
till in die frej die Ohren
Das Klatt ich weiter hier such
ab die wir bode benn —

Du bist die Liebste ub die Ende
so ret, intelligent und lostlich
ab dass die mit soll sten pht welt
verlt

ohn' un da wär sui shwch had.

Ralf Girth

Total: Mit hied dauch der Onise

was

Ach schlaf ein Volke,
alles ganz still
Lass mich fallen
in dir ganz sein!

Rolf Gerad
8.12.2077

Schließ zum Ort
fühl deine Haut
spür deinen Atem
in mir ganz laut

Unsere Seelen
vereinten sich
Mag dich so lieben
ich dachte mich

Mag Zeit erst afdele
träumte zu viele
fühl diesen Lippen,
du machst mich so lieb!

15

15.5.2020
Rolf Gänsch

ich gloobe fast, ich lieb Dir
so wie mit Schmalz 'ne Stulle

ik mag di so, wie die Kuh den Stier
oder wie vom Rind der Bulle

ich gloobe fast, du magst ma ooch
det wär das echt possierlich

Rolf Gänsch

Und hier das komplette Gedicht:
Ick gloob
am 15.5. + 7.8.2020

Ick gloobe fast, ick liebe dir,
so wie det Schmalz 'ne Stulle
Ich mag dir wie die Kuh den Stier,
oder vom Rind der Bulle.

Ick gloobe fast, du magst ma ooch
det wär' doch echt possierlich,

16

wir stehen beede uff'm Schlooch,
du bist so süß und zierlich

Ick gloobe, du det könnte jehn
wir und ville Kinder.
Det wir zwee uff 'n 'nander stehn
det sieht ja selbst 'n Blinder.

Ick gloobe, det du mir ooch willst,
wir müssten 's ma versuchen,
Ick küsse dir, da wo de willst,
und du, du bäckst uns Kuchen.

Küchentisch in der Jobcenter-Maßnahme

Man fühlt sich einen Weile — über und

allein, ...

...

...

Die ...

...

28.4.2020

...

...

...

...

...

...

die Uhr!   28.4.2020

„ Hand made "

Sendemanuskript - Vorbereitungen

30.3.2021

Rolf Grüner
De impf-Blues

Hey ich möchte die Impfe
und zwar schon recht schnell
denn immer nur zaudern, macht die Stimmung
nicht hell!

Ich will bald die Impfung
bevor ich Kranke werd'
doch was macht dann den Teilen
fühl ich mich nichts wert

Bitte gebt uns alle Impfstoff
jeder Impfstoff ist jetzt wichtig
bitte, bitte impft doch
sonst geh ich am Stocke

Live auf meiner Ukulele gespielt am 1.4.2021 im OKbeat: der Impf-Blues

19

Von Ritter Runkel und den Digedags aus dem
Mosaik von Hannes Hegen inspiriert: Rübenfeld

Strangers in the night
Wasser in dem Bein,
ja da ich Gebe wasser in Bein
Ja eine wieder Wasser in dem Bein
Ich Gebe Wasser in — dem Bein!

Meine Übersetzung von "Strangers in the night"
von 2019

Sabine
"..." 13.4.2021

Es sagte die holde Sabine
im schö[...]en Fitze[...] gesang
ich gehe jetzt an die letzte,
und schaue mich dann auf ins Balde

Da sagte der [...] große Ro[...]e
"ich hüte den Dunkel - [...]sag!
Die Mannd[...]len sind [...] mehr [...]lle,
aber für dich sing ich auch an dem Georg
Hang

Da lächelt die holde Sabine
und glückte zu sich hinein
Sie ging merkt an die letzte
und [...] endlich mit Süßchen [...]

O[...]tober 969

26.3.2021 [signature] _[illegible]_

ich würde mich so gern noch mal
so richtig schön verlieben
mit allen dies wunderbaren
    einzig artigen Trieben

ich würde mich so gern noch mal
   in dich mich fallen lass
und du dabei so zärtli sei
   mich an dich schieben lass
ich würde gern mein Herz geben
   und dich an mir halten
dass wir ~~einfach~~ nahe sind
       Bei Seele
   uns aneinander fühlen
ich würd so gern dein Herz stillen
   für heute bei dir bleiben
und trauben ach ich hoffen schon
      von einander bleiben

~~ich wird so sein~~
würd dir so gern ins Auge sehn
   und streicheln deine Haar
den dir allein nahe sein
       ganz zärtlich und vertraut

       _____
       Oktober 969

22

Donald Duck auf Gras

Die Panke

Clara Clarinelle
Henriy, Henriette
Sabine
und die Stime
gingen in eine Shop
Stopp!

Sie tanzten sie,
und als sie ...
Orange
und titte...
oh!
los!

Nun bin ... Zopfteu!

Als was
soll krass

Okbeat – 973 – 13.5.2021 Seite 1   **Achtung! Musik ist meist zu laut, Sprache zu leise ... besser anpassen,**
besser aufeinander abstimmen = Musik leiser lassen!

Start - BEIM REDEN: lächeln! - Jingle – Okbeat

Oh Vatertag, oh Vatertag
ein Tag, den nicht nur Vaddern mag!

Hier ist der heilige Himbeergeist Produzent Rolf Gänsrich.
Für die Statistik, das ist der 973. Okbeat am 13. Mai 2021 bei alex auf 91,0 MHz.

Alex-berlin hat heute sein Haus aus, verständlichen Gründen, es ist schließlich Feiertag,
geschlossen und so sende ich heute wieder live bei rockradio.de mit Streamübernahme
von Rockradio.de durch alex-berlin ... heißt, bei Rockradio könnt ihr heute auch wieder
die Titelliste anschauen.

Live im Studio

Zeitgleich mit dieser Live-Sendung hier, läuft bei rockradio.de jetzt die Wiederholung
des Okbeat der letzten Woche

Zwischendurch von McCartney III, erschienen am 18. Dezember
Titel # 11 – der letzte des Albums - Winter Bird / when winter comes

Heute einige Folgen der neunten Staffel von Stammtisch

In jedem Okbeat immer mindestens ein Stück aus meiner Hit-Kiste, also meine
persönlichen Top-500 - Platz 84 - **Comedian Harmonists** – mein kleiner grüner Kaktus –
nächste Woche.

Heute ist nicht nur Himmelfahrt, sondern auch Tag des Apfelkuchens.

Na dann lasst uns zum Einstieg mal etwas Tee trinken – the Lords – have a drink on me

Hab selten mal auf der ersten Seite eines
Sendemanuskripts zum OKbeat so viel wie hier
handschriftlich geändert.

25

Als Laune wird alles
anders, ob Laune wird alles
besser, ob Laune wird nur
noch positiv gedacht!
Das ist heute Mein Tag

Motivation vn September 2018

Computermaus – Dezember 2020

26

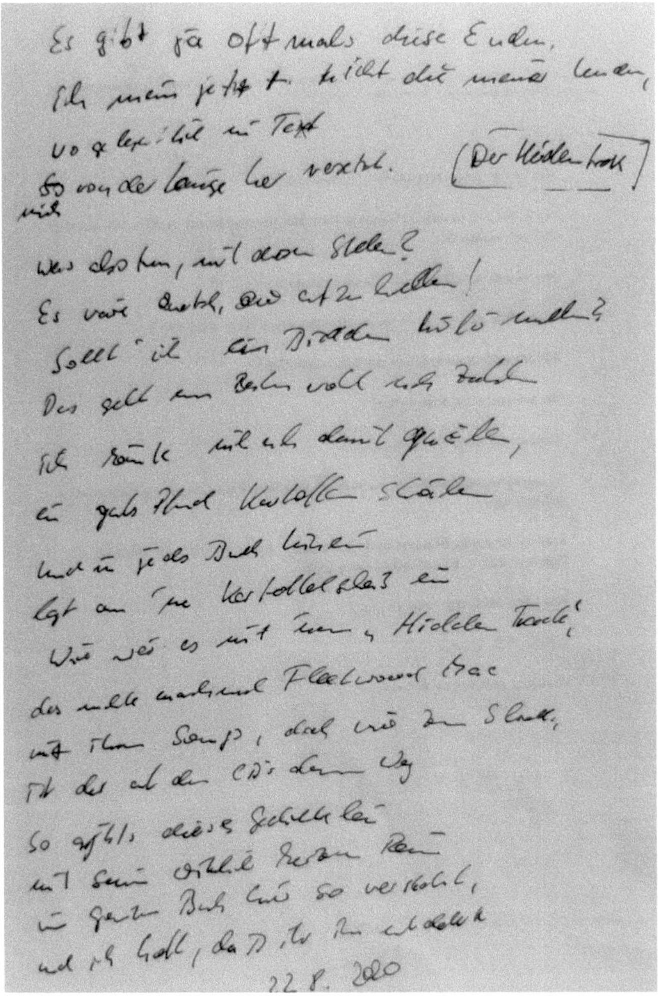

[handwritten poem, largely illegible]

Es gibt ja oft mals diese Enden,
[...] mein jetzt [...] nicht die meine [...],
vo & lex [...] im Text
[...] von der lange he vexbl. [Der [...]]

[...] das ten, mit dem Stele?
Es war [...], [...] et [...] [...]!
Soll[...] il [...] Bräden [...] [...]?
Das gell [...] Bahn voll [...] [...]

[...] [...] mit ich damit Quälle,
ei gals Pfund Kartoffel Stärke
und in jeds Buch [...]
[...] an [...] Kartoffel[...] ein
Wie wär es mit [...], Kindler Torte'
das [...] [...] Fleetwood [...]
mit Ihm Sump, dass wie [...] Slaat,
Th [...] al [...] CD's dem Weg
So [...], dies [...] Gebilde lei
mit sein [...] [...] Rein
[...] [...] Buch [...] so ver[...],
[...] ich Gott, das D, [...] Rn [...]
                                    22.8. 2020

Dieses Gedicht ist in meinem Buch "Piep-Piep-Piep
Kurztexte und Gedichte - Band 2" veröffentlicht

Die Entwirklung des Menschen vom Vierbeiner zum Vierbeiner – im Lockdown April 2020

Die Jahre werden es uns zeigen
Daß für einander wir gemacht,
Denn hängt der Himmel voller Geigen
So, wie wir es uns gedacht,
Wenn wir einander nahe sind
Und Nächte in meinen Träumen, da reise ich zu dir!

So warm und zärtlich, wie wir zwei
Von außen garnichts uns mehr trennt
Denn Liebe macht uns beide frei,
So sind wir ungehemmt
Laß dies doch bitte zu!
Und Denn Nächte in meinen Träumen, da reise ich zu dir!

Text auf Schreibmaschine um 2001

Ja, ja, der Prophet im eigenen Land, ...

Verwandschaft in Krakow am See feierte letzte Woche goldene

Hochzeit! ... Hab ich denen ein Gedicht-chen geschickt! ... Und

was bekam ich zu hören? "Wo hast 'n das abgeschrieben?" ... Na

aus meinem eigenen Kopp! ... Ich mach's mir selber! ... weil,

das bischen, was ich lese, kann ich doch selber schreiben!

Hier ist dieses, mein Gedichtchen, für Krakow am See, und extra

heute für den OKbeat umgeschrieben, für alle Leute, die irgendwann

mal heiraten!:

Eine Hochzeit die wird wahr,

wenn man sich sehr liebt!

Es ist immer beiden klar,

daß man sich viel gibt.

Klar, so wie ein Sonnentag,

wird auch jede Nacht,

wenn einer den andern mag,

Was nur Liebe macht!

<u>Verstellte Stimmen</u>

Nachts, auf der Park-Bank ... **Er**: "Willst du mich glücklich machen?"

Sie: "Ja, aber gern!"

Er: "Dann stell mich deiner Freundin vor!"

Meine Frau will sich jetzt von mir scheiden lassen, wegen seelischer

Grausamkeit! ... Dabei bring ich ihr jeden Morgen den Kaffee ans

Bett, ... sie muß ihn nur noch mahlen!

<u>Verstellte Stimmen</u>

Sie: "Buenas Dias!" ... Er: "Nein danke, ich fotografiere selber!"

aus 221. OKbeat

29

Mein Traum der "Biberburg" aus den Lederstrumpf-Erzählungen

Script aus den Bandsendungen 1979 – 1982

Der Pflaumen baum

O du Pflaumen baum
O du Pflaumen baum
du bist ein riesengroßer Traum
wenn ich vor deiner Fülle stand
werden meine Gedanken ...
in jede einzelne ...
Marie, Marie – O du ...

Apfel

Der Apfel, süß und saftig und
mancherorts gar sehr gesund
man kann sie vielleicht ...
Doch sollte niemand sie verschenken.

Zwei Knaben gingen durch das Korn
der eine hinten, der andere vorn,
daß niemand ist der Dritte
man sieht es fehlt der Dritte

*Script aus den Tonband-Radiosendungen zwischen
1979 und 1982*

Nächste Seite: dito – Vorläufer des "Stammtisch"

lass De sollue in de
Kneipe

Du – ich muss – muss – muss dir
mal was sagen

Na denn nur raus damit,
Brauchst Dir nicht zu
Schenieren!

Du, ich hab gestern mein
A – ttel mit i
Nu – Nu – Nudellholz
erschlagen

Und was hat sie denn
gesucht?

Hi – Manches gesucht
un ehr!

Das Ding

(Shortstory by Rolf Gaudel)

„Ist'n das für'n Ding?"
„Ha-lo!" „Sieht komisch aus, nicht?" „Ob es auch rufen kann?" „... Und dann ist deine seltsame Farbe!"
„Eigentlich, nicht?" „Sieh mal Corinna, du kannst auch dran drehen!" „Ha-ha!" „Hi-hi!" „Papa sagt, in seiner Straßenbahn hat er auch was zum drehen!" „Hey Klaus, du kann man auch ins Klappe aufmachen!"
„Da?" „Da!" — „Nachdenken!" — „Na das ist aber wirklich'n komisches Ding!" „Was man alles so als 8-Jährige wissen muß!" „Und wenn man das Ding da am Rand abnimmt?" „Laß das Andreas!" „Mal mal probieren!" — „Tüt-Tü-üt — Tüt-Tü-üt — Tüt-Tü-üt" — „Ha!" „Oh!" „Na?!" „Tüt-Tü-üt!" „Ist ja wirklich'n komisches Ding, das Ding!" „Macht so nur immer, die macht's Tüt-Tüt!" „Mach mal die Klappe da auf!" „Ja, mach ich." „Halli-Hallo!" — „Mensch paß doch auf! Meine Nase!"
„Los, jetzt dreh mal den daumen!" „Faßt einmal aber hochheben!" — rrrrrr — Tüt-Tüt „Passiert nichts!" „Ich kann, Jungs, das Spiel ist blöde!" „Hast recht Corinna!" „Laßt uns lieber mit Vater, Kind spielen!" — Alle: „Immer Peter!" „Ein paar Schritte weiter:
„Und meine Papa fragt sich heute einmal ob das das für'n unnötiges Ding ist, das alte Telefonzelle ..."

Geschrieben 85 / 86 bei der NVA
bislang unveröffentlicht

NVA → Freibickstück auf der Bude
oder, Monolog eines Freibickstückenden!?"
(Snackstrany von Ralf Günther)

Es sah auf das Salz nicht ... äh-
nst mein die Rache! → Na, die Rache
weiß doch das denken! → Was soll ich
denen mit dem rohen Ei, die Wut wollte
ich yoah?! ... sieht wie Schlicken aus der
Küse, nicht? → Fast wie die Waller da,
war nicht so edelpilziglich! –
Na, nimm die Butter nimm mal lieber
oder zurück, die Schmecks sowieso wie
nach Margarine! Was wollte ich denn nun?
Ach ja, Brot! – Was, das schimmelt in dem Bett!
ich dachte, da fault der Kaiser leise ver-
solle sich lam' hagen, leise ist das
Fass auch nicht mehr → die Obergefreie

machen in ganz schönen Ärger!
Das,? Ach so, die Ameise ...
an den Ecknissen ... , sind also
seine Obstfliegen! Die sind ja ...
... bei den Äpfeln!
Das lass 'n da jetzt ... fallen lassen!
Der schöne Honig in die Kartoffelschalen
gefallen! ... gibt's morgen ...
Süßt - ... !
Also, weißt du, ich lass es jetzt ...
dem Frühstück! ... schon jetzt
die ... voll von den ...
Komplette - ... !"

              THE END

Unterschrift : Ralf's Schwan!

Geschrieben während der NVA — veröffentlicht im Buch "Still gestanden, die Augen links! - Mein geheimes NVA-Tagebuch"

36

223 - 8.12.02 - 13.00 h
Erst Reste von 222 aufarbeiten!

Was kann einer, der zu hause 'ne Fünf-Meter-Mattscheibe hat?
.... Na der kann Fernsehen fern sehen!

Warum man das Bild hier aufgehängt hat? ... Weil man den Maler
selbst leider nicht mehr erwischt hat!

Noch ein genereller Hinweis zum OKbeat überhaupt: Jede nur
denkbare Ähnlichkeit mit lebenden oder toten Personen ist
NICHT beabsichtigt und wäre rein zufällig!
Auf gut deutsch: Wer sich die Jacke anzieht, ... der trage sie!

Hier kommt ein Knud!

Und hier dochmal 'n Liedchen von mir selber, geschrieben am
14.April, aufgenommen am 11.Oktober und 14.November, ...
"Dein Zauber ist vorbei" ... als Warnung an alle, die unüberlegt
heiraten!

Ein Weihnachtsgedicht   R.Gmnerich am 25.11.02
Wenn der liebe Weihnachtsmann
an der Pforte fest klopft an,
Jedermann ihn gerne hat,
weil, erx hat was mitgebracht!
Eine Ruthe, oder so
auch 'nen Deckel für das Klo,
eine Trommel für die Kleinen,
damit seine Eltern weinen
und auch Süßes dann für alle,
doch besonders für den Kalle!
----

223. OKbeat am 8.12.2002
Schreibmaschine

Du bist die Liebe meines Lebens
Und auch zu schön, um wahr zu sein
Doch leider wart' ich nun vergebens
Ach Liebste du, du bist zu fein
Ich mag dich so, bin jetzt allein!
Doch Nachts in meinen Träumen, da reise ich zu dir!

Du hast mich immer schwer erregt
Ich Zausel konnt' es nie erwarten
Wenn deine Hüften du bewegt
Dann konnt ich deine Kunst erraten
Wie du wohl bist, so in der Nacht
Und Nachts in meinen Träumen, da reise ich zu dir!

Du holdes Weib,komm flieh mit mir
Schnell über Berge, in ein Land
Ich bin doch viel zu gern bei dir
Wenn du sanft streichelst meine Hand
Wirst du wohl einzig bei mir sein
Und Nachts in meinen Träumen, da reise ich zu dir!

Des Nachts, da träum seit Jahren schon
Und leider auch an manchem Tag,
Ich von dem schönsten Liebeslohn,
Ganz einfach weil ich dich so mag,
Von unserm kleinen Liebesnest.
Doch Nachts in meinen Träumen, da reise ich zu dir!

Ich bin ja oft nicht auszustehn',
Das weiß ich selber nur zu gut
Und dennoch möcht' ich mit dir gehn,
Die Liebe macht mir Mut
Auch wenn du noch so fern
Und Nachts in meinen Träumen, da reise ich zu dir!

b.w.

Die Jahre werden es uns zeigen
Daß für einander wir gemacht,
Denn hängt der Himmel voller Geigen
So, wie wir es uns gedacht,
Wenn wir einander nahe sind
Und Nachts in meinen Träumen, da reise ich zu dir!

So warm und zärtlich, wie wir zwei
Von außen garnichts uns mehr trennt
Denn Liebe macht uns beide frei,
So sind wir ungehemmt
Laß dies doch bitte zu!
Und Denn Nachts in meinen Träumen, da reise ich zu dir!

Schreibmaschine auf Ormig-Papier

Federzeichnung Januar 2021
Hinweis aus der Modewelt: Längsstreifen machen
schlank, Querstreifen dagegen dick

39

Noch ein kleines herbstliches Gedicht   (27.10.01 - 23.35 - 23.58 Uhr)

Buntes Laub fällt von den Bäumen,
ja, ich fühle mich allein
und ich fange an zu träumen:
Könnt' es denn nicht Sommer sein?

Viel zu kurz sind diese Tage,
Nächte sind unendlich lang.
Nasse Straßen sind 'ne Plage
und mir ist vor'm Winter bang.

Abgenagt, so wie Skelette,
stehn die Bäume vor dem Haus.
Bleib am besten wohl im Bette.
Ich geh jetzt nicht gerne 'raus.

Da! Jetzt ruft sie an! Wie lieblich!
Diese Dame, welche mein.
Und sie fragt ganz nett und friedlich,
ob sie heut darf bei mir sein.

Kein Gedanke mehr an Regen!
Lacht die Sonne doch in mir!
Kommt sie oft auf vielen Wegen.
Und ich, mein Schatz, bin nun mit dir!

Buntes Laub fällt von den Bäumen
und wir sind nicht mehr allein!
Laß uns heut noch davon träumen,
daß auch bald wird Sommer sein!

auf Schreibmaschine

Also laut 100-jährigem Kalender ist das Wetter bisher noch stimmig.
Erst vom 19. bis 29. diesen Monats ist es hell, still und sehr kalt und es fällt kein Schnee mehr! - äh? -
....

Und nun zu Herta! Gut, daß in der Bundesliga jetzt Weihnachtspause ist, so kann Herta wenigstens in *diesem* Jahr nicht nochmal verlieren!
....

Frequenz B - Mit-Co-Moderator bei Die Radiosendung, Christoff Kastius, wurde von uns, wegen seines *Einfalls*reichtums, aus der Sendung liquidiert.
Er war auch fehl am Platze. - Vielleicht sollte Christoff sich in den laufenden Talkshows mal als Selbstdarsteller verdienen, die suchen doch ständig Leute, auch zum Thema: Frequenz B hat mit mir schluß gemacht!

Was du nicht willst, das man dir tu,
das füg auch keinem andern zu!
....

Ein Liebesgedicht

Du bist zu schön, um wahr zu sein!
Du könntest aus 'nem Märchen sein!
Du bist wie eine gute Fee,
Du machst mich froh, wenn ich dich seh!

Du bist oft wie ein Wirbelwind,
weckst in mir, endlich wieder, das Kind.
Wenn du 'ne zeitlang von mir bist,
mein Herz gar mächtig einsam ist.

Jedoch, bist du bei mir,
fühl ich mich wohl bei dir!
....

Und für Chefetagen gilt:

Wer den Bierbauch meuchlings mördert,
wird in der Hirarchie befördert!
....

Sendemanuskript-Auszug vom 14.12.2000 aus dem OKbeat 155 – nochmal Ormig-Papier

Übrigens, Christof Daum wurde jetzt auf einem Herren-Clo erwischt, ... wie er sich die Nase puderte! - Ja, könnt ihr versichen, wie ihr wollt!

Nasenspray und Puderwatte
dazu auch noch Hundekacke
Ekelpickel im Gesicht
in den Händen herbe Gicht
Morgens dann kurz nach dem Duschen
noch zum Spiegel 'rüberhuschen
Er der Daus, so kenn ich mich,
denn im Spiegel stehe ich!

Bauernregel der Woche:
Fliegen im Herbst die Gänse fort,
sind sie nicht hier, sie sind dann dort!

Geiles Drachenwetter wieder! Mensch, det stürmt draußen aber so richtig!
Ja, bei diesem Wetter können 'se wirklich mal 'n Drachen steigen lassen! - Oder sie kuscheln mal 'n bischen und lassen 'ne Kuh fliegen!

Also, da komm ich nach gerade mal knapp fünf Wochen Krankheit am letzten Montag wieder zur Arbeit, schon stimmt die Welt nicht mehr! Da haben die doch da klammheimlich in allen Seitenstraßen rrund ums Rathaus plötzlich PARKOMATEN hingestellt!
Freundlich, wie ich bin, frag ich noch Freund und Helfer Politesse, die gerade mit Falschparkeraufschreiben beschäftigt war, wo ick denn nun da in der Umgegend kostenlos parken kann, weil Chef schuldet mir immernoch einige Monatslöhne und Auto kann ick nun mal nich in Tasche stecken, ooch der Polo ist dafür zu groß, da sacht die: Auto stehen lassen und loofen!
Da bin ich dann, vom Rathaus Friedenau wieder zurück bis hintern Insbruckerplatz, bis hintern Kaiser Wilhelm Platz, da irgendwo in 'ne Seitenstraße 'rin, keen Parkomat in Sicht. Auto abgestellt und Ruhe. und dann wieder zurück mit 'de BVJe!
Noe, also den Rest der Woche loof ick. Ein Glück daß die mich nun zum Wochenende jekündigt haben, so brauch ick wenichstens keene Anwohner-Parch-Vignette zu kooten und spar mir det Jeld, wat mein Chef sowieso nicht zahlt!

Bei

Schreibmaschine – Oktober 2000

Wenn die Nacht am Himmel klebt,
und ich mich schon ins Bett gelegt,
denk ich immer nur an: eine,
an die Freundin, sonst an keine!

Weil sie schön und unnahbar,
und sie mich geliebt sogar,
ist sie meistens wunderbar,
nur so lang wir sind ein Paar!

Heut jedoch lebt dieser Vamp
mit 'ner Freundin in 'nem Camp,
wo sie mich doch nicht erwartet!
Beinah wär ich schon gestartet!
Doch ihre Eltern aus Kaputh
nahmen leider mir den Mut!

Will allein sein mit der Freundin!
Was ergibt das für 'nen Sinn?
Daß sie ihre Ruhe braucht!
Egal, jetzt fahr ich! Hab auf aufgeraucht!

Deutsch für liegengebliebene, englische Fußballfreunde und Englisch für BSE-Kranke Deutsche:

Lession One - Liaisong eins
Quiet me - Quietscherentchen
Bavaria-Doop - Schnupftabak
Spring-Time - Känguru-Zeit
Bloody Mary - Beschcucßte Maria

Schreibmaschine – OKbeat 168 vom 18.3.2001

An die Geliebte

Du bist für mich nicht Gott,
Gott ist für mich John Lennon!
Du bist für mich keine Prinzessin,
aber Deine Ehrlichkeit adelt Dich!
Und ich werde mich an Dir niemals festhalten,
denn viele, wirklich gute Freunde geben mir den
nötigen Halt!

Aber ich werde Dich ewig lieben und alles für Dich tun,
denn Du bist eine aufrichtige, zärtliche,
schöne Frau,
die ich immer begehren werde!

Rolf Gänsrich

auf fremdem PC im Juni 2003

Dreimastbark – Piratenschiff

242 – 19.9.03 – 20 h

Im Umfeld von Sir Paul McCartney kam es gestern am Themse-Ufer zu einer Rempelei zwischen Sir Pauls Begleitung und einigen Pressefotografen! Ein normaler Wunsch, Sir Paul wollte einfach nicht fotografiert werden!
Nach der Auseinandersetzung feuerte Sir Paul umgehend seinen langjährigen Pressesprecher Geoff Baker! McCartney braucht jetzt wohl dringend einen neuen Pressesprecher! ... ja ... hier!

....

Wer keinen Kampfgeist mehr hat, darf sich nicht wundern, wenn er nur noch verliert!

....

Der Hinweis: „Rauchen gefährdet ihre Gesundheit" kann so nicht stimmen!
Schließlich vermindert das Rauchen die Gefahr, an Alzheimer zu erkranken!
Also rauche ich doch auch FÜR meine Gesundheit!

....

Hallo Harald Schmidt! ICH BIN das Original! Wenn du weiterhin so dahinplätschernde Sendungen machst, darfst du auch mal bei mir was lernen ... denn immerhin ... den OKbeat gibt's schon länger, als deine Show!

....

Wenn du in deinen Spiegel schaust
Und siehst, daß du schon längst ergraust
Dann sei nur froh und heiter
Und mache, wie bisher, so weiter!

Denn, die guten, alten Zeiten, werden einst die heutigen sein!

....

Das mit Coni und mir war ein / das Ende der Beziehung

Stecken auf rauchen!

ich durfte rauchen, wenn Sie Schluss mach[illegible]

auf fremdem PC in Tagesklinik getippt – Skript aus OKbeat 242 vom 19.9.2003

- Gedicht auf Coma (# 2)
- Anschl. Commitments – Dark End of the street (# 4)
- Auf Ende:

innere Leere
Ich funktioniere
Nur noch
Irgendwie...
Sie fehlt mir
So sehr!
(30.9.03)
- Beatles – Dizzy miss Lizzy

....
Schon seit einem Monat gibt es in den Supermärkten die ersten Weihnachtsartikel! Grund genug für mich, schon jetzt auf dieser Welle mit zu schwimmen!

....
Was sagt ein chinesisches Huhn, das in den Suppentopf will? „Woook – Wock"!

➔ Hua – Gong
....
Also ich schwimm NICHT auf der Ostalgie-Welle mit! Ich bin ein Ossi! ... und ich bin stolz darauf, zwei verschiedene Gesellschafts- und Wirtschaftssysteme erlebt und ertragen zu haben! ... Das kann ja nun wirklich nicht jeder von sich behaupten!

....
Wenn du etwas entferntes suchst, so sieh nur direkt vor die eigene Haustür!

....
So mancher, der sich auf seine Vier-Buchstaben setzten will, meint damit seine Zeitung! Damit wäre dann der Bild-Zeitung ein rasanter Aufstieg geglückt ... von „aus der Gosse" nach „für'n Arsch".

....
Das Berliner Boulevard-Blatt mit den zwei Buchstaben titelte gestern auf Seite eins: „Zugriff – 50. Geburtstag – so wild feierte Wowi"! ... Wahrscheinlich hatte unser Regierender am Zeitungskiosk einfach nur mal zu-gegriffen ... und den Tagesspiegel bezahlt!

....
Also, unter uns Pastorentöchtern, wenn ich mir einmal pro Jahr dieses Saftblatt mit den zwei Buchstaben koofe, merke ich immer, ... die Bingo-Zahlen von heute sind genau dieselben, wie vor einem Jahr! ... Deshalb heißt diese Zeitung bei mir auch nur noch „Bingo-B.Z.".

....
Damit wir die Boulevard-Presse durch sind, noch der hier: „Vorsicht Autofahrer jetzt fährt die Renzi", so der Kurier letzte Woche! ... Na, wer'n bayerischen Namen hat, oder aus Bayern kommt, sollte in Berlin auch nicht Auto fahren!

....

Nochmal auf PC in der Tagesklinik getippt ... ganz schön bissig war ich damals!

Nächste Seite gleichfalls in der Tagesklinik getippt

25./26./28.9.2003
Ich bin allein

Weil du heut' Nacht gegangen bist,
hab ich dich wirklich sooo vermißt!
Du bist so rein, so hell und klar
Mit deinem wunderschönen Haar.

Es ist, wenn wir uns beide lieben,
als wenn wir in den Himmel fliegen
Wir zwei sind stark, so wie ein Baum,
der lieblich steht am Garten-Zaun.

Ich mag auch deine Lippen, diese
Sie sind so weich, wie eine Wiese
Der blaue Himmel spiegelt sich
In deinen Augen herrliglich.

Wir sollten niemals weh' uns tun
Und friedlich beieinander ruhn'
Du einzig art'ge, süße Frau
Du bist so schillernd, wie ein Pfau!

So laß uns gehen, Hand in Hand
In unser eignes Wunderland
In dem wir lieben ohne Reu'
Denn wir sind nur einander treu.

Da du heut' Nacht gegangen bist
Hab ich am Tag dich so vermißt
Und hoff', daß uns zusammen führt
Die Sehnsucht, die wir oft gespürt.
....

In der Karibik

Raumschiff Enterprise

4.3.2021

① • Meine Olle hat mir erzählt, das seit
    überhaupt nicht Trü les !
  • Wie kann I denn deine Olle uff sör
    Quatsch ? Weil ich se entlleent ?
    Träumme Sedall los ? ... So
    Erkälchcher oder so ...
  • Nee, meine Olle erzent, die sört
    überhaupt nicht gut zu vögeln !

────────────────────────

② In gibst deinm Fischen Fulle tabletten?
   Ja, Spaltabletten, damit sie sich
   verdoppel

────────────────────────

③ In sollst kein Oktopus essen ! Der
   fickt dir wilde Tinte uff den Tisch !
   Ich will meine Olle noch schlecken, ich will
   sie noch wilde tratten !

────────────────────────

④ In meiner Kant kann ich er Vasse
   und CD !
   Dith von de GEMA ode GVU ?

(4) 5.3.2021

Meine Olle hat gesagt ....
Du sagst doch immer, deine Olle hat bei dir
nichts zu sagen!
Na, det hat ja meine Olle ok gesagt!

5) Hilft das Corona - Duo doch gegen die
Pandemie?
So lange du es nur Oral inhalierst hilft es
vermutlich eher... Sein Abstand behinderst hier in
der Kneipe.

6) Was ist der Unterschied zwischen einem
Krokodil? Je grüne, desto schwimmt es.

7) Herr Ober, was ist denn „Fischsuppe nach
Admiral öl Sonderart"?
Das ist Selchfisch in Bo... öl mit Löwen
aus dem Aral-See!

8) Meine Olle ist zur Zigaretten Cola
gegangen und ... halb später schnell wieder
gekommen!
Najo, sie ist noch eine von der alten Schule!
sie läuft Meilen weit für eine
Camel - Filter!

51

6.3.2021

(10) Der nächste Zug fährt nach Birkenwerder!

jä - ja
Wir sind in Birkenwerder!
Das sagt die Bahnhofsdurchsage auch zwei

---

(11) Ob die Frau mir billig was auch in
Milch schwimmt?
Das weiß ich nicht, aber gerne oder schwimmt der
Presse der Milch stundes

---

(12) Ah, ist das Nice! Da hast als eine
Schreibmaschine!
ja, die stammt aus der Zeit, als Nice
noch NIEDLICH war!

---

(13) Kein Schwager lebt bei seinem Hausarzt
jetzt eine Gallblase am und g wandern
Cassen!
Ahh - dem Sohn geht also Tante!

(14) Deine Olle ist ??? mit deinem Boss durchgebrannt?

ja, stell dir vor, als ich ihr den Boss schenkte, sagte ich, damit dann sie ja voll umgehe. Dann/...
mit dem Boss

hat ??? sie sich doch ??? ??? weggeflogen

---

(15) Sie: Der Herr wollen zahlen? Was hätten Sie
denn? - Whisky-...
Es: Zwei Bier ???, ...
??? ...!
Sie: Können Sie mal dem ??? klar ???, diesen
??? ???!
Es: Ich will damit doch nur meiner ??? ???
Frauen gegenüber ausdrücken, du alte Schlampe.

---

(16) Du warst gemeinsam mit deiner Olle in
Holland ??? auf dem ??? ??? und die
haben dir wohl deine ??? gestohlen?

Na, stell dir vor, meine Olle haben sie mir
gelassen

83.2021   (17)

ich hab jetzt zwei neue Schuhe zu Hause!

Du meine mit dein paar Schuhe! Wie heißen

sie den Time, Sdeledine, Deele oder

Combine?

Nein, mensch, das das sind nordafrikanische

Adat-schuhe .... nel drei Stück Bü!

Also, dann gibt also für Deine Schuhe

der Spruch: Ein Söhle Bü Sledd zwei!

_____

(18)

Als der Frühling ...

Bad ... die spärlichen doll! err die Erosten ...

_____

(19) 9.3.21

Sag mal, kennst du den Ort van den

Sieden Nord Zwearanshen Klamischen?

Nöö

Na ich ooh nütt!

Meine alte ... Sch..., das ... ...
für ... . Die backt, ... und ...
Glaste ... ... den ... ...
ist ... meine. Meine backt, vor allem Nachts.
Stell dir ... vor, ... , wenn ich von hier
aus ... ... lasse ..., stell sie
mit ihrem ... hinter die Tür

---

21) 24.4.

Alleine ... ...

... nicht einsam

---

22) 1.5.
Es fließt dahin mit schlimmer Gans
das ... der ... ...

---

23) Es ist im Bett schon auf ...
... der am ...

---

24) 2.5.
Ich habe ... in Stück ... ...
in welche politische ...
...
Ach, ich ... mit dem Stück des ...

55

25   22.5.2021

(25) Ich mache jetzt eine Eier - Diät!
Wie geht die denn?
Na ich esse täglich zum Frühstück 25 hart gekochte
Eier. Davon werde ich so satt, also ich so
zum Abendbrot nichts mehr esse.

8.6. 2021

(26) Wenn ich bei einer Frau bin,
kann sie selten zu schlafen!
Ja, weil du die ganze Nacht lang
schnarchst

9.7.2021

(28)

Im Hafen von Hamburg, laufen
immer wieder Schiffe ein!

Wieso laufen die da ein? Warum sind
die Schiffe dort so heiß?

56

Warum nicht zum Abschluss noch 'ne ordentliche Demonstration? ...

<u>Außerdem von mir erschienen</u>:

"Radio-Anthologie – OKbeat zum Mitnehmen" – das Beste aus den Sendemanuskripten

"Still gestanden! Die Augen links! - mein geheimes NVA-Tagebuch" - autobiografisch – in ein kleines A6-Heftlein hab ich während meines Grundwehrdienstes in der NVA 1985/86 Kurznotizen geschrieben, aus denen ich 2004/05 eine Radioserie machte, aus der ich 2019 ein Buch strickte

"Sommer – zwischen Backhaus und See – Kindheitserinnerungen" - autobiografisch – es sind meine großen Ferien, die ich in der Kindheit in Mecklenburg verleben konnte.

"Kaufhallengeschichten – Hundegeschichten – Radiogeschichten" – autobiografisch – Jahrzehnte lang war ich im Einzelhandel angestellt und wurde dort letztendlich hinaus gemobbt – weil das Ende so traurig war, hab ich die Geschichten über unseren Familienhund, so sie mir noch nach über dreißig Jahren eingefallen sind, mit dran gehängt, denn allein hätten sie nicht für ein Buch gereicht, aber auch diese endeten traurig, weshalb ich dann die Radiogeschichten mit anhängte, denn seit 1995 mache ich öffentliche Sendungen und dabei ist einiges Lustiges und Bemerkenswertes passiert. Gleichzeitig erzähle ich darin, wie es zu meinen Stadtführungen und zu meinen Lesungen kam und wie diese strukturell aufgebaut sind. ... letztendlich ist doch alles nur Radio ...

"Zwanzig Fässer Sauerkraut – Teil 1 – Aufbruch in Berlin 1750" und **„Zwanzig Fässer Sauerkraut – Teil 2 – zwischen den Fronten, zwischen den Indianern"** - in dieser Trilogie (der 3. Band ist in Arbeit) geht es um einen Krämerlehrling aus Berlin, den es nach Nordamerika verschlägt. Mit dabei hat er immer frisches Sauerkraut, das ihm als Handelsgut dient. Seine einstige Magd folgt ihm. Sie treffen auf Leute wie Daniel Boone, leben erst in den Alleghanny's, fliehen dann aber vor dem Krieg zwischen Engländern und Franzosen nach Westen in die Prärie, während es einen ihrer Freunde in die Karibik verschlägt.

„Die weiße Hand im schwarzen Käse - From the Stage" Kurztexte und Gedichte von A – Z - Band 1 - die ersten 100 Texte von A – M"

"Piep-Piep-Piep – From the Stage" Kurztexte und Gedichte A – Z – Band 2 – Texte von N – Z und noch mehr"

In Arbeit: **"Zwanzig Fässer Sauerkraut – Band 3"**, **"Aldebaran – ein Weltraumabenteuer"** (Arbeitstitel), **"Der Mann im Mond"**, **"Verpasste Gelegenheiten & Zeitreisen"**

... außerdem sind in Arbeit die Zusammenstellungen meiner Zeitungstexte ...

Letzte Seite:
Schreiben Sie hier von Hand einen Liebesbrief!

9 783754 323823

EVP: 5,49 €